AF496837

PETIT TRAITÉ

DE

CUISINE.

PETIT TRAITÉ

DE

CUISINE.

PÁRIS.

J^h MORONVAL, IMPRIMEUR-LIBRAIRE,

Rue Galande, n° 65, près la rue St-Jacques.

—

1832.

AVIS.

LES procédés que l'on donne ici sont un simple diminutif de la Cuisine Bourgeoise, à la portée de tout le monde, et très-faciles à saisir sans l'aide de personne. En les suivant, on apprêtera une nourriture saine et en même temps restaurante. Pour la quantité des choses à apprêter, on se réglera sur le nombre de personnes que l'on aura à servir. La quantité de beurre ou graisse nécessaire dans les potages, sauces, etc., est d'environ une once pour trois personnes.

On ne doit pas mettre de sucre dans les alimens, excepté pour les malades. L'usage de la cannelle, des clous de girofle et du caramel doit être inconnu dans nos maisons, et celui du poivre très-modéré.

PETIT TRAITÉ

DE CUISINE.

POTAGES MAIGRES.

ARTICLE PREMIER. — POTAGE DE PURÉE.

Faites cuire toutes sortes de légumes secs, réduisez-les en purée en les écrasant dans une passoire, et jetez-en l'écorce ; mettez cette purée dans une marmite, avec environ moitié eau et moitié lait ; mettez le sel convenable, et faites bouillir. Vous pouvez aussi, lorsque le lait commence à bouillir, mettre le pain mitonner dedans, sans laisser bouillir, autrement le lait tournerait.

Ce potage peut se faire avec une seule sorte de légumes.

Si l'on n'avait pas de lait, on mettrait un peu de beurre.

ART. 2. — SOUPE A L'OIGNON.

Faites fondre du beurre dans une marmite, mettez-y des oignons coupés par petits morceaux, et les remuez de temps en temps jusqu'à ce qu'ils soient roux : versez ensuite de l'eau peu à peu en continuant de remuer ; mettez le sel et un peu de poivre. Quand la soupe a bouilli pendant quelques minutes, vous pouvez servir.

ART. 3. — SOUPE AUX HERBES.

Mettez dans une marmite toutes sortes d'herbes épluchées et bien lavées, telles que oseille, laitue, bonne-dame, poirée, cerfeuil ; remuez-les souvent avec une cuillère de bois, en les écrasant, jusqu'à ce qu'elles soient bien cuites ; mettez ensuite du beurre, de l'eau et du sel. Au premier bouillon, on peut ajouter une liaison composée d'un œuf délayé dans du bouillon.

Observations. 1° Pour que la soupe trempe bien, il ne faut verser d'abord qu'une partie du bouillon sur le pain, puis couvrir pendant quelques minutes, après quoi l'on verse le restant du bouillon. 2° Au lieu d'eau pure, on peut se servir, pour la soupe, de l'eau dans laquelle on a fait cuire les légumes qui doivent être donnés en portion.

ART. 4. — SOUPE A LA SEMOULE, FÉCULE DE POMMES-DE-TERRE ET FARINE DE BLÉ DE TURQUIE.

Mettez un tiers de lait et deux tiers d'eau dans une casserole ; lorsqu'il commence à bouillir, mettez-y peu à peu, et en remuant continuellement, environ deux cuillerées de semoule par personne ; faites bouillir à petit feu pendant environ un quart d'heure, ajoutez quelques grains de sel et un peu de beurre.

Pour la fécule de pommes-de-terre et la farine de blé de Turquie, délayez-la bien dans l'eau froide, et quand le lait bout, versez-la comme il vient d'être dit.

ART. 5. — SOUPE A LA CITROUILLE.

Ayant épluché la citrouille, coupez-la par petits morceaux, et la mettez, avec un peu d'eau, dans une marmite ou une casserole ; faites-la cuire jusqu'à ce qu'elle soit réduite en marmelade. Mettez-y un peu de sel et du beurre ; au lieu de beurre on peut y mettre du lait qu'on a fait bouillir à part. On peut aussi faire mitonner le pain dedans, mais sans bouillir, si l'on a mis du lait.

POTAGES GRAS.

ART. 6. — DU POT-AU-FEU.

Les différens morceaux de viande qui conviennent pour faire un bon pot-au-feu.

sont l'aloyau ou petites côtes, la culotte, le milieu du trumeau et la tranche.

Mettez la viande dans l'eau froide, dans une marmite ou un pot de terre; écumez-la bien, mettez du sel, et si vous le voulez un bouquet garni (1). Ajoutez ensuite les légumes que vous devez servir avec la viande, comme choux, carottes, raves, poireaux, pommes-de-terre. Les choux doivent être lavés dans l'eau chaude; on pourrait même leur faire faire un bouillon dans de l'eau avant de les mettre à la soupe. Les poireaux et pommes-de-terre ne se mettent au pot que trois quarts d'heure avant de tremper la soupe. Il faut avoir soin de ne faire bouillir qu'à très-petit feu.

———

DU BŒUF.

ART. 7. — BŒUF AU NATUREL.

A dîner, le bœuf se sert toujours au naturel, c'est-à-dire tel qu'on l'a retiré du pot-au-feu : on y joint quelques légumes qui ont cuit avec la viande.

(1) Le bouquet garni se compose de thym, cerfeuil, céleri, persil, etc. On l'appelle bouquet, parce qu'on le lie afin de pouvoir le retirer, et jeter ce qui ne doit pas être mangé. Pour les sauces, on y ajoute une ou deux feuilles de laurier.

ART. 8. — DU MIROTON.

Pour arranger le bœuf froid en miroton , coupez-le en tranches bien minces : mettez-le sur le fourneau, dans une casserole, avec un peu de bouillon, du beurre ou de la graisse, de l'oignon coupé en rouelles , un bouquet garni, poivre et sel. Faites bouillir pendant une heure , et servez chaudement.

On peut accommoder de la sorte le bouilli qui reste sur la fin de la semaine, et le servir à souper, ou bien comme il est marqué article 37.

Autre manière. Mettez dans une poêle un peu de graisse , plusieurs oignons coupés en tranches ; lorsqu'ils sont roux , on met le bouilli coupé par tranches dedans , et on laisse bouillir. Lorsque le tout est cuit , on met une cuillerée de vinaigre.

Le bouilli froid peut aussi se manger en salade , avec quelques oignons rouges , persil , cerfeuil.

ART. 9. — DU BOEUF A LA MODE.

Prenez une pièce de tranche ou de culotte de bœuf, passez-y quelques gros lardons et quelques gousses d'ail ; faites-la cuire dans une casserole pendant quatre ou cinq heures , avec un verre de bouillon, quelques racines, un bouquet garni, poivre et sel. A moitié cuisson, vous pourrez ajouter un demi-verre de vin blanc.

S'il y avait trop peu de sauce , vous pourriez y ajouter de l'eau chaude, de même qu'au miroton.

ART. 10. — LANGUE DE BOEUF.

Mettez-la dans la marmite, pour l'écumer avec le bouilli; retirez-la au bout d'une demi-heure pour en ôter la peau. Coupez-la ensuite par morceaux de deux doigts d'épaisseur, et la mettez dans une casserole, avec un peu de bouillon, bouquet garni, oignons, carottes, pommes-de-terre, sel, poivre; et sur le point de servir, ajoutez-y un filet de vinaigre pour en relever la sauce. On peut aussi la mettre au roux comme le veau.

La langue doit toujours coûter un ou deux sous de moins par livre que l'autre viande.

DU VEAU.

Les pièces les plus convenables sont, le cuisseau, l'épaule et la poitrine. Dans le cuisseau, se trouve la rouelle et la longe.

ART. 11. — DU ROUX.

Mettez un peu de beurre ou de graisse dans une casserole, avec une cuillerée de farine; remuez jusqu'à ce qu'il soit couleur cannelle ; ajoutez-y un peu de bouillon , et servez-vous-en comme il est dit ci-après.

ART. 12. — MORCEAU DE VEAU A LA CASSEROLE.

Le roux étant fait, mettez-y la viande coupée en morceaux , joignez-y quelques carottes coupées en filet , et un bouquet garni ; mettez sel et poivre, et faites - le cuire à petit feu.

ART. 13. — POITRINE DE VEAU AU ROUX.

Coupez la viande par morceaux, mettez-la dans le roux fait comme ci-dessus ; ajoutez-y un verre de bouillon , etc. Le reste , comme à l'article précédent.

ART. 14. — POITRINE DE VEAU EN FRICASSÉE DE POULET.

Ayant fait roussir du beurre dans une casserole, mettez-y le veau coupé en morceaux , avec deux verres de bouillon chaud ou d'eau chaude, et quelques petits oignons ; faites bouillir à petit feu environ trois heures , ajoutez-y un bouquet garni , poivre et sel.

DU MOUTON.

Les pièces les plus convenables sont l'épaule , le gigot et le filet.

ART. 15. — HARICOT DE MOUTON.

Le mouton s'arrange le plus communément en haricot , selon les articles 12 et 13.

ART. 16. — GIGOT DE MOUTON A LA BRAISE.

Choisissez une braisière ou casserole , juste à la grandeur de la pièce de viande ; placez sous le gigot quelques bardes de lard ou un peu de beurre , trois ou quatre verres de bouillon ; faute de bouillon, on met de l'eau chaude et un demi-verre de vin blanc. On y met aussi quelques oignons , un bouquet garni , poivre et sel. Le tout doit cuire à petit feu , pendant cinq ou six heures. Servez ensuite chaud ou froid , à volonté.

ART. 17. — HACHIS DE MOUTON.

Prenez un reste de gigot cuit, coupez-le d'abord par rouelles, et ensuite hachez-le très-fin; ajoutez-y une poignée de fines herbes, des échalottes et de l'oignon hachés très-fin, que vous mêlerez bien avec la viande. Faites fondre un peu de beurre dans une casserole, mettez-y ensuite le hachis, avec sel et poivre; faites bouillir environ une heure, en y ajoutant un peu de bouillon pour qu'il ne soit pas trop sec.

Nota. On peut préparer de même le bœuf et le veau; c'est la meilleure manière de tirer parti des morceaux qui sont restés des repas précédens.

ART. 18. — HACHIS EN BOULETTES.

Le hachis peut aussi se mettre en boulettes de la grosseur d'un œuf; on les roule dans la farine, et on les fait frire à la poêle, dans de la friture bien chaude. Pour leur donner de la consistance, il faut avoir soin de délayer quelques œufs dans le hachis.

DU POISSON.

ART. 19. — POISSON EN MATELOTE.

Le poisson d'eau douce, comme carpes, tanches, barbillons, anguilles, s'arrange le plus communément en matelote. Pour cet effet, mettez du beurre dans une casserole, avec un peu de farine, remuez le tout ensemble sur le fourneau, jusqu'à ce qu'il soit de couleur rousse; ajoutez-y quelques oignons, et, lorsqu'ils sont à moitié cuits, mettez-y le poisson, quelques feuilles de laurier, sel, poivre, et, à moitié cuisson, un verre de vin rouge. Faites ensuite griller plusieurs larges tranches de pain, que vous mettrez dans le fond du plat, et servez chaudement.

ART. 20. — POISSON A LA GUILBOISE.

On peut arranger à la guilboise toutes sortes de poissons, comme merlan, morue, harengs frais, maquereaux frais, etc. Pétrissez du beurre avec de fines herbes hachées bien menues, y ajoutant du sel et du poivre. Le poisson étant nettoyé, introduisez dans le vide la grosseur d'environ une noix de cette farce; puis, ayant battu un œuf, trempez-y le poisson, et le saupoudrez avec de la croûte de pain râpée. Enduisez ensuite le fond d'une casserole avec le beurre, tel que vous l'aurez précédemment préparé, et vous y ferez cuire le poisson environ une demi-heure.

ART. 21. — POISSON EN SALADE.

La morue et les harengs peuvent aussi se manger en salade, après les avoir fait cuire à l'eau, ce qui demande peu de temps. Il faut toujours faire tremper le poisson salé pendant deux jours au moins, avec le soin de changer l'eau deux ou trois fois.

ART. 22. — DU POISSON FRIT.

. On peut mettre à la friture toutes sortes de poissons, soit d'eau douce, soit de mer. Ayant vidé le poisson sans y laisser autre chose que la laite ou les œufs, mettez-le sécher entre deux linges, puis, l'ayant saupoudré de farine, jetez-le dans la poêle lorsque l'huile ou le beurre sera bien chaud, et le retournez un certain nombre de fois jusqu'à ce qu'il soit bien cuit. On le sert ensuite sans sauce, après y avoir répandu dessus du sel bien fin. On peut faire frire de la même manière des tranches de pain que l'on a fait tremper quelque temps dans du lait battu avec quelques œufs.

On met en réserve l'huile ou le beurre

qui a servi à la friture, pour s'en servir une autre fois. Si le feu prenait à la poêle, on la couvrirait promptement avec un couvercle de fer blanc.

DES ŒUFS.

ART. 23. — ŒUFS A LA COQUE.

Mettez-les dans l'eau bouillante pendant deux minutes ; retirez-les, et les couvrez une minute ; mettez-les dans une serviette, pour les tenir chauds jusqu'au moment de les servir.

ART. 24. — ŒUFS EN SALADE.

Faites durcir des œufs, en les mettant dans l'eau bouillante pendant un quart d'heure : retirez-les et les jetez promptement dans l'eau fraîche, afin de les écaler facilement ; servez-les entiers, avec huile et vinaigre, sel et poivre ; on peut y joindre un oignon cru.

ART. 25. — SAUCE ROUSSE.

Faites un roux avec du beurre et de la farine ; quand il sera couleur cannelle, mettez-y des oignons coupés en dé, et remuez jusqu'à ce qu'ils soient cuits. Éteignez votre roux avec de l'eau chaude, et ajoutez de fines herbes, poivre et sel, et un filet de vinaigre lorsque vous serez sur le point de servir.

ART. 26. — SAUCE BLANCHE.

La sauce blanche se fait comme la sauce rousse, excepté qu'on n'y met ni oignons, ni fines herbes, et qu'on remplace une partie de l'eau par de la crême ou du lait. Il y a cependant certaines sauces blanches dans lesquelles les oignons vont bien, et même les fines herbes.

ART. 27. — ŒUFS AU LAIT.

Prenez six œufs pour trois personnes, demi-litre de lait ; battez le tout, mettez un peu de sel ; ensuite mettez la casserole dans l'eau bouillante avec un peu de braise sur le couvercle, ayant soin d'enduire le vase avec du beurre, afin que les œufs ne s'attachent pas.

ART. 28. — ŒUFS AU MIROIR.

Prenez un plat qui aille au feu, mettez dans le fond un peu de beurre étendu partout ;

cassez les œufs dans le plat, les uns à côté des autres, sans les brouiller; poudrez-les d'un peu de sel et de poivre, puis mettez sur le fourneau, faisant cuire à petit feu. On peut les faire cuire dans la poêle, mais de la même manière, c'est-à-dire qu'on enduit de beurre le fond de la poêle, puis on casse les œufs dedans avant de la mettre sur le feu. Les œufs étant cuits, mettez un filet de vinaigre dans la poêle, et versez-le ensuite sur les œufs.

ART. 29. — ŒUFS EN OMELETTE.

Cassez les œufs dans une casserole, mettez-y des ciboules et du persil hachés, avec du sel; battez bien les œufs, puis vous les renverserez dans la poêle où vous aurez fait fondre du beurre. Il faut que le beurre soit bien chaud. Si l'omelette n'est pas trop épaisse, on peut se dispenser de la retourner; mais il faut agiter la poêle, pour que les œufs ne s'attachent pas.

Si l'on n'avait pas assez d'œufs, on pourrait mettre une poignée de mie de pain, avec un verre de crême ou de lait. Quand le pain a bu tout le lait, on casse les œufs dedans, et on les bat avec sel et poivre.

Au lieu de pain et de lait, on peut mettre quelques oignons coupés par rouelles.

ART. 30. — LAIT DE POULE.

Un jaune d'œuf frais, délayé dans de l'eau chaude avec un peu de sucre, est bon pour les personnes malades ou enrhumées : c'est ce qu'on appelle *lait de poule*. On le prend bien chaud en se couchant.

DES LÉGUMES VERTS.

ART. 31. — CHOUX-FLEURS, HARICOTS VERTS
ET SCORSONÈRES.

Les choux-fleurs, haricots verts et scorsonères doivent être cuits à l'eau ; puis on fait un roux ou une sauce blanche dans laquelle on les met un quart d'heure avant de servir. Il en est de même des carottes qu'on peut faire cuire dans le pot au-feu. On peut aussi donner ces légumes en salade, excepté les carottes ; alors on met un peu de sel dans l'eau où l'on doit les faire cuire, et l'on attend qu'ils soient froids pour leur adjoindre l'huile, le vinaigre et le sel nécessaires.

ART. 32. — POIS GOULUS. — POIS VERTS ÉCOSSÉS.

Les pois goulus ou sans parchemin, et les petits pois verts écossés, se font cuire à la casserole, à très-petit feu pendant une heure et demie, avec un morceau de beurre, un bouquet de persil et ciboules, une laitue pommée coupée en quatre, et un peu de sel.

ART. 33. — ARTICHAUTS.

Les artichauts, après avoir été cuits à l'eau, avec un peu de sel, se mangent ou avec de l'huile et du vinaigre, ou avec de la sauce blanche un peu épaisse.

ART. 34. — BETTERAVES.

Les betteraves doivent être cuites à l'eau ou au four, après quoi on les mange en salade ou en sauce rousse, avec une gousse d'ail et un filet de vinaigre.

LÉGUMES SECS.

ART 35. — DES HARICOTS.

Les haricots doivent tremper pendant vingt-quatre heures avant d'être mis en cuisson, et pendant qu'ils cuisent on y met de l'eau chaude à mesure qu'il en est besoin ; ensuite on les met dans le roux préparé à cette fin, et dans lequel peuvent entrer une poignée de fines herbes et un filet de vinaigre. On arrangera de la même manière les lentilles et les pois ; ces derniers ne demandent pas de vinaigre.

ART. 36. — HARICOTS EN SALADE.

Les haricots se mangent aussi en salade ; mais alors on met un peu de sel dans l'eau où on les fait cuire, afin d'ôter leur fadeur.

ART. 37. — BEIGNETS DE PATE.

Faites une pâte claire à l'eau ou à la bière avec un œuf ou deux et de la farine. Pelez des pommes de rainette, et coupez-les de l'épaisseur d'un sou ; trempez chaque morceau dans la pâte, et les mettez dans la friture bien chaude ; vous pourrez verser une demi-cuillerée de pâte sur chaque morceau.

Au lieu de pommes on peut employer des morceaux de morue cuite à l'eau, ou des restes de bouilli.

DES HERBES.

ART. 38. — OSEILLE, ÉPINARDS, LAITUE, CHICORÉE.

Ces sortes d'herbes doivent être bien épluchées et bien lavées : on ôte les queues de l'oseille et non celles des épinards ; l'oseille est cuite en quatre minutes, les épinards le sont lorsque les queues s'écrasent, et les aitues lorsque les côtes sont molles.

Lorsque ces herbes sont cuites, il faut les mettre dans l'eau froide pour conserver leur couleur, ensuite il faut bien les égoutter en les pressant dans la passoire, et même entre les mains, surtout les épinards, pour en faire sortir toute l'eau ; puis hachez-les. Pour les préparer, faites fondre du beurre dans une casserole, et y mettez une cuillerée de farine, et ensuite les herbes ; remuez et ajoutez quelques verres de bouillon ou de lait, sel et poivre ; faites bouillir une demi-heure, puis servez. Si l'on met du lait dans l'oseille, il ne faut pas faire bouillir, le lait tournerait.

On peut servir sur chaque portion un œuf dur coupé en deux.

ART. 39. — MANIÈRE DE CONFIRE LES HERBES.

Prenez de l'oseille, cerfeuil, poirée, bonne-dame, pourpier, persil, ciboules, mettez de ces herbes à proportion de leur force. Après les avoir épluchées et bien lavées, mettez-les égoutter, puis vous les hacherez et les presserez dans vos mains pour qu'il n'y reste pas d'eau ; faites-les cuire dans leur jus pendant deux heures, en remuant souvent, puis salez fortement ; continuez de faire cuire jusqu'à ce qu'il ne reste plus d'eau. Après qu'elles sont un peu refroidies, mettez-les dans des pots de grès bien propres, et pas trop grands. Après vingt-quatre heures, vous ferez fondre du beurre, et le verserez sur les herbes lorsqu'il sera sur le point de se figer en refroidissant. On peut ne confire que de l'oseille. On peut aussi mettre un peu de beurre dans la marmite avant de faire cuire l'oseille. Les pots doivent être mis dans un endroit qui ne soit ni trop chaud ni trop frais.

ART. 40. — MANIÈRE DE CONFIRE ET DE SÉCHER LES HARICOTS VERTS.

Prenez des haricots verts, la quantité que vous en voudrez confire ; choisissez-les tendres et point filandreux. Epluchez-les et

3

mettez-les cuire dans l'eau bouillante pendant un quart d'heure ; mettez-les ensuite
dans de l'eau fraîche pour refroidir. Quand
ils sont froids, faites bien égoutter. Après
cela mettez-les dans les pots qui leur sont
destinés, qui doivent être bien propres ;
mettez par-dessus de la saumure jusqu'aux
bords du pot. Vous y mettrez ensuite du
beurre fondu, à moitié chaud, qui devra
figer sur la saumure, et empêcher les haricots de prendre l'air. Serrez-les dans un
endroit ni trop chaud ni trop froid ; bouchez-
les de papier, et ne les découvrez que lorsque
vous voudrez vous en servir.

La saumure se fait en mettant deux litres
d'eau, un litre de vinaigre et une livre de
sel. Faites chauffer la saumure sur le feu
jusqu'à ce que le sel soit fondu ; laissez-la
ensuite reposer pour la tirer au clair, et
vous en servez comme il est dit ci-dessus.

Pour faire sécher les haricots, après les
avoir épluchés, faites-les cuire un quart
d'heure. Quand ils sont égouttés, enfilez-les
avec une aiguille et du fil ; suspendez-les au
plancher dans un endroit sec ; ils se conser-
veront long-temps de cette façon. Quand
vous voudrez vous en servir, faites-les tremper dans de l'eau tiède jusqu'à ce qu'ils aient
repris leur première verdure. Vous les ferez
ensuite cuire dans de l'eau, et les accom-
moderez de la même façon que les haricots
nouveaux.

DES POMMES-DE-TERRE.

ART. 41. — POMMES-DE-TERRE EN SALADE.

Faites-les cuire à l'eau, puis coupez-les par tranches, et servez-les avec huile et vinaigre, petits oignons hachés, et persil ou cerfeuil.

ART. 42. — POMMES-DE-TERRE A LA SAUCE ROUSSE OU BLANCHE.

Après les avoir fait cuire à l'eau, coupez-les par tranches, mettez-les dans la sauce que vous aurez préparée, et laissez-les bouillir pendant une demi-heure, en remuant de temps en temps, et même en les écrasant un peu. Ou bien vous les fricasserez tout simplement dans la poêle avec du beurre et des oignons coupés en menus morceaux.

ART. 43. — POMMES-DE-TERRE AU COURT-BOUILLON.

Faites roussir du beurre avec de la farine dans une marmite, ajoutez-y de l'eau chaude, puis mettez-y des pommes-de-terre crues, raclées et coupées en trois ou quatre morceaux, suivant leur grosseur. Remuez de temps en temps; et quand elles seront aux trois quarts cuites, ajoutez de l'eau tiède ou du bouillon, de manière à couvrir les pommes-de-terre; mettez un bouquet garni, sel, poivre, et un verre de vin rouge, puis achevez de faire cuire à petit feu.

ART. 44. — POMMES-DE-TERRE FRITES.

Les ayant pelées et coupées par quartiers, ou en tranches assez minces, mettez-les dans la poêle, dans de l'huile ou du beurre bien chaud. A mesure qu'on les retire, ce que l'on fait avec l'écumoire, on les poudre avec du sel fin. On doit avoir soin de les retourner plusieurs fois, pour qu'elles ne brûlent pas, et pour qu'elles cuisent en tout sens.

ART. 45. — DU RIZ.

Lavez-le trois ou quatre fois dans de l'eau tiède, en le frottant entre vos mains. Faites-le cuire une demi-heure, à petit feu, avec un peu d'eau, pour le faire crever. Vous y mettrez ensuite peu à peu du lait chaud, en remuant continuellement. Faites bouillir à petit feu pendant environ deux heures, et remuant de temps en temps; mettez un peu de sel. Si au lieu de lait on se servait l'eau, il faudrait y mettre du beurre.

ART. 46. — DU VERMICELLE.

Faites bouillir du lait dans une casserole, et quand il bout , mettez-y du vermicelle, peu à peu, et en remuant continuellement. Lorsqu'il aura bouilli une demi-heure , mettez un peu de sel. Il est bon d'écraser un peu le vermicelle dans ses doigts en le mettant dans le lait , et de ne faire qu'un feu modéré.

Remarque. Le riz et le vermicelle peuvent s'accommoder au gras, avec du bouillon au lieu de lait , mais on les laisse plus clairs ; on peut aussi les manger en forme de soupe sans pain.

PETITS MOYENS ÉCONOMIQUES.

La plupart des ragoûts et même le bouillon gras, demandent à être dégraissés, parce que sans cette précaution ils seraient dégoûtans et même nuisibles à la santé. Lorsque le ragoût, ou quelqu'autre viande est cuite, passez légèrement la cuillère sur la superficie de la sauce, et la videz dans un vase. Faites chaque jour la même chose ; et lorsque vous en aurez une certaine quantité, mettez cette graisse dans une marmite avec du sel fin, et la faites fondre l'espace de deux ou trois heures, jusqu'à ce qu'elle soit de couleur jaune-pâle. A moitié cuisson, jetez-y un oignon coupe en quatre, mettez-la ensuite dans un pot bien propre. Vous pourrez ensuite vous en servir, en y ajoutant quelque peu de beurre , pour roux, fricassée , etc.

Ce n'est pas toujours en usant des choses avec profusion, qu'on rend les alimens meilleurs, mais c'est en les employant dans une juste proportion. La plupart des choses de la cuisine demandent à être cuites à petit feu : le pot au feu, le bouillon, les ragoûts l'exigent absolument. Pour cet effet, lorsque le pot est écumé et les ragoûts mis en cuisson, on abaisse le pot jusque sur le bois, n'en conservant que deux morceaux brûlans sur le foyer, et ramassant dessous tout le charbon allumé, qu'on entoure de cendres excepté par devant. De cette manière la soupe bouillira très - lentement et l'on brûlera très-peu de bois; il en est de même du fourneau. Un fourneau garni durera une demi - journée, tandis qu'étant autrement arrangé, il ne durerait qu'une heure. Prenez de bons charbons; garnissez-en un peu plus de la moitié du fourneau. Le charbon étant parfaitement allumé, mettez dessus une bonne pellée de cendres chaudes, et plus s'il est nécessaire.

Dans les maisons où il y a des ustensiles de cuisine en cuivre, on fera bien attention de ne jamais s'en servir sans les avoir bien récurés en dedans et en dehors. Tout le monde sait que, pour récurer le dedans, on fait usage de cendres passées par le tamis, afin de ne pas nuire à l'étamage; et que, pour le dehors, le sable suffit. Avant de se servir encore de ces ustensiles, on les fait chauffer à sec, sur le fourneau, puis on les essuie proprement, et jamais on n'y laisse rien refroidir dedans.

Par tous ces moyens l'on évitera des inconvéniens considérables et souvent très-fâcheux. On aura soin que tous les objets de la cuisine, comme tables, fourneaux, sans exception des plus vils, soient toujours très-propres et très-clairs.

FIN.

TABLE.

(33)

FIN DE LA TABLE.

Imprimerie de Jᴴ MORONVAL, rue Galande, 63.